Weisheiten

Gedanken & Notizen

arsEdition

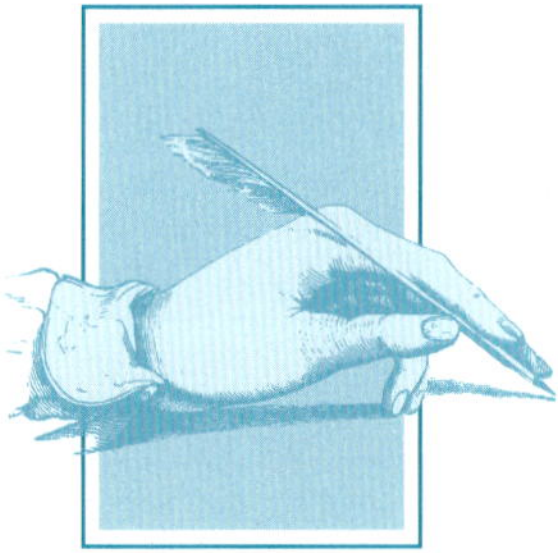

Suche deine eigene Weisheit

in dir selbst.

Padmasambhawa

Liebe Frau Slatel,

mit diesem Büchlein
ich fast 26 Jahre fü

möchte ich Danke s

Danke für Ihre Her
die Sie mir fast

haben.

Es war eine schön
Ihnen erleben durft

und werde Sie se

Alles Liebe und

schulfreie Zeit

Nov. 2004

-oller Weisheiten, die
-eit gesammelt habe,

-en.

-sgüte und Toleranz,
-6 Jahre gebracht

-aft, die ich mit

-vermissen.

Gute für Ihre

Ihre
Martha Lindemann

Ärgere dich nicht
darüber, dass der
Rosenstrauch
Dornen trägt,
sondern freue
dich darüber,
dass der Dornenstrauch
Rosen trägt.

Arabisches Sprichwort

Das einzig Wichtige
im Leben
sind die Spuren
der Liebe,

die wir zurücklassen

wenn wir gehen

Albert Schweitzer

Der Schlüssel zu
den Herzen der
Menschen,
wird nie unsere
Klugheit,
sondern immer
unsere Liebe sein.

Zu einem guten
Wort ist für drei
Winter Wärme;

ein böses Wort
verletzt wie

sechs Monate Frost.

Mongolisches
Sprichwort

Wenn man einen
grünen Zweig
im Herzen trägt,
wird sich ein
Singvogel darauf
niederlassen

Chinesisches
Sprichwort

Wenn du
jemanden ohne
Lächeln siehst,

so schenke ihm
deines

Jan Daniels

Die Menschen haben
gelernt zu schwimmen
wie die Fische

und zu fliegen
wie die Vögel,

aber wie Brüder
zusammenzuleben

haben sie nicht
gelernt.

Martin Luther King

Gott ist wahr
wo die Menschen
einander Liebe
zeigen.

Pestalozzi

Es muss einer
den Frieden
beginnen,
wie einer
den Krieg

Stefan Zweig

In jedes Haus,
wo Liebe wohnt,
da scheint hinein
auch Sonn
und Mond

Hoffman von
Fallersleben

Tradition
ist die Weitergabe
des Feuers
und nicht die
Anbetung der
Asche

Gustav Mahler

Wirklich verloren
ist nur der
Tag,
an dem man
kein einziges
Mal gelacht hat

Chamfort

Weil liebenswert
ist der Mensch,
wenn er wirklich
ein Mensch ist.

Menachem

So lange man
ein Fenster hat,
wird das Leben
nie langweilig.

Wer nirgends
hingeht,
kann nirgends
hinkommen.

Rumänisches
Sprichwort

Der Verstand kann
uns zwar sagen,
was wir unterlassen
sollen,
aber nur das
Herz kann uns
sagen,
was wir tun
müssen

Josef Joubert

Verschwendete Zeit
ist Dasein;
gebrauchte Zeit
ist Leben

Yong

Wer nicht den
tiefen Sinn
des Lebens im
Herzen sucht,
der sucht
vergebens.

Bodenstedt

Die größten
Ereignisse,
das. sind nicht
unsere lautesten,
sondern unsere
stillsten Stunden.

Friedrich Nietzsche

Nur der Denkende
erblickt das
Leben,
am Gedankenlosen
geht es vorbei.

Wir irren
allesamt,
nur jeder
irret anders.

Lichtenberg

Man muss nicht
immer wissen,
sondern auch
anwenden.
Man muss nicht
nur wollen,
sondern auch tun.

Goethe

Alles,
was man wirklich
nützt,
ist für wenig
Geld zu haben.

Nur das
Überflüssige
kostet viel

Axel Munthe

Man sieht nur
mit dem Herzen
gut;

das Wesentliche
ist für die
Augen unsichtbar.

Exypery

Kleine Taten,
die man ausführt,
sind besser
als große,
die man plant.

George Marshall

Der Glaube
geht nicht durch
den Verstand,

sowenig wie
die Liebe.

Hermann Hesse

Wir sind nicht
für unser Tun
verantwortlich,
sondern auch
für das,
was wir nicht
tun.

Molière

Alles im Leben
hat seinen Preis,
auch die Dinge,
von denen man
sich einbildet,
man kriegt sie
geschenkt.

Fontane

Die Liebe allein
versteht das
Geheimnis,
andere zu
beschenken,
und dabei selbst
reich zu werden.

Der Himmel
hilft niemals
solchen,
die nicht
handeln wollen.

Sophokles

Freundlichen
Menschen schenkt
die Natur schon
bei der Geburt
den Schlüssel
zu anderen
Herzen.

Edward Young

Das einzig Wichtige
im Leben

sind die Spuren
der Liebe,

die wir hinterlassen

wenn wir gehen.

Albert Schweitzer

Um die Jugend
zurückzuerhalten,
muss man nur
die eigenen
Torheiten wiederholen.

Oscar Wilde

auch aus Steinen,
die dir in den Weg
gelegt werden,

kannst du etwas
Schönes bauen.

Erich Kästner

Wer nicht weiß,
wo er hin will,
wird sich wundern,
dass er ganz
woanders hinkommt.

Mark Twain

Die Sonne
geht an keinem
Dorf vorüber.

Bantu-Sprichwort

Glück,

ist nicht eine
Station,

bei der man
ankommt,

sondern eine

Art zu reisen.

Margaret Lee Runbeck

Auf einem Stein,
der immer im
Rollen ist,
wird nie
Moos wachsen.

Es gibt nichts
Gutes
außer man
tut es

Die Schule des Lebens kann man nicht schwänzen.

Mit geballten
Fäusten kann
man sich
nicht die
Hände schütteln.

Indira Gandhi

Autovertreter verkaufen
Autos,
Versicherungsvertreter
Versicherungen.

Und
Volksvertreter?

Stanislaw
Jerzey Lec

Freu dich über
das, was du
hast,
anstatt über das
zu ärgern,
was du nicht
hast.

Axel von Saldern

Ein reicher Mann
ist häufig bloß
ein armer Mann
mit sehr viel
Geld.

Aristoteles Onassis

Suche nicht nach
dem Sinn des
Lebens,

gib ihm einen.

Kurt Tepperwein

Wer über gewissen
Dingen den Verstand
nicht verliert,
der hat keinen
zu verlieren.

Lessing

Bevor man die
Welt verändert,
wäre es vielleicht
doch wichtiger,
sie nicht zugrunde
zu richten.

Paul Claudel

Wer weiter nichts
tut als Geldver-
dienen,

der verdient auch
nichts weiter
als Geld.

Felix Renner

Man soll
miteinander etwas
nachtragen;
wir haben alle
genug zu
schleppen.

Johannes Müller

Nicht die Klügsten
haben immer
gute Einfälle.

Gute Einfälle
sind Geschenke
des Glücks.

Lessing

Liebe ist wie
Masern –
sie wird schlimmer,
wenn sie einen
spät im Leben
erwischt.

Douglas William
Jerrold

Reich ist man nicht durch das, was man besitzt, sondern mehr noch durch das, was man mit Würde zu entbehren weiß.

Epikur

Der Pessimist beklagt sich über den Wind.
Der Optimist hofft, dass sich der Wind dreht.

Der Realist setzt die Segel neu.

Managerweisheit

Ein Mensch
ohne Phantasie

ist wie ein
Vogel ohne
Flügel.

Wilhelm Raabe

Sei nett zu
den schwachen
Schülern von
heute,

sie könnten
morgen deine
Vorgesetzten sein.

Die Gleichgültigkeit
ist die
schlimmste
aller Gewalten.

Klaus Barber

Macht Ernst mit
euren schönen
Worten,
so wird das
Paradies auf
Erden sein!

Paul de Lagarde

Vo 12
M & J

Glück und Erfolg
werden einem
nur vergeben,

wenn man
großmütig
einwilligt,
beides zu teilen.

Albert Camus

Es ist nicht der
Verstand auf den
es ankommt,
sondern auf das,
was ihn leitet:

Herz und Charakter

Fjodor Dostojewskij

Liebe deine
Aufgabe mit
Leidenschaft,
sie ist der
Sinn deines
Lebens.

Auguste Rodin

Wenn deine
Grundsätze dich
traurig machen,
verlass dich
darauf:

sie sind falsch

R. L. Stevenson

Die Stärke eines
Gefühls

erkennt man
an den Opfern,

die man dafür
zu bringen
bereit ist.

John Galsworthy

Verschwendete
Zeit ist Dasein;
gebrauchte Zeit
ist Leben.

Yang

Wer nicht den
tiefen Sinn
im Herzen sucht,

der sucht
vergebens,

Bodenstedt

WAFERS

Die größten
Ereignisse,
dass sind nicht
unsere lautesten,
sondern unsere
stillsten Stunden.

Friedrich Nietzsche

Wer einen Stein
ins Wasser
wirft,

verändert das
Meer

Paul Mommertz

Vor der Hochzeit
sprechen die Männer
hauptsächlich von
ihrem Herzen,
später von Leber
und ganz zuletzt
von der Galle.

Helen Vita

Man sieht nur
mit dem Herzen
gut;

das Wesentliche
ist für die
Augen unsichtbar.

Antoine de
Saint-Exupery

Nicht der ist arm,
der sich keinen
Jugendtraum
erfüllte,
sondern der schon
in der Jugend
nichts träumte.

Nowarzynski

Wer zur Quelle
kommen will,
muss dem
Strom
entgegengehen

Man soll
niemandem
etwas nachtragen;

wir haben alle
schon genug
zu schleppen.

Johannes Müller

Niemand
wird ohne
Fehler geboren;
der Beste ist der,
den die kleinsten
drücken.

Horaz

Die Kunst ist
zwar nicht
das Brot,

aber der Wein
des Lebens.

Lebensweisheit

Das Beste
liegt nie
hinter uns,

sondern
immer vor uns.

Paul Vogler

Schöner selbst
als der wertvollste
Besitz
ist die
Erwartung
des Glücks

Emanuel Geibel

Der Optimist
täuscht sich
ebenso wie
der Pessimist,

aber er ist
weitaus glücklicher
dabei.

Wenn man das
Dasein als eine
Aufgabe betrachtet,

dann vermag
man es immer
zu ertragen.

Ebner-Eschenbach

Die Stunde
ausfüllen –
das nennt
man Glück.

Aldous Huxley

Man ist reich,
wenn man ein
freundliches Herz
hat.

Gustav Frenssen

Alles hat seine Zeit!

Eine Zeit geboren zu
werden -
eine Zeit zu sterben,
eine Zeit zu suchen -
eine Zeit zu verlieren.

Eine Zeit zu lachen -
eine Zeit zu weinen,

eine Zeit zu reden -
eine Zeit zu schweigen,

eine Zeit beisammen
zu sein,

eine Zeit sich zu
trennen.

(Kohelet 3)

Weisheiten –
Ein immer
währender
Kalender

DM 16,90

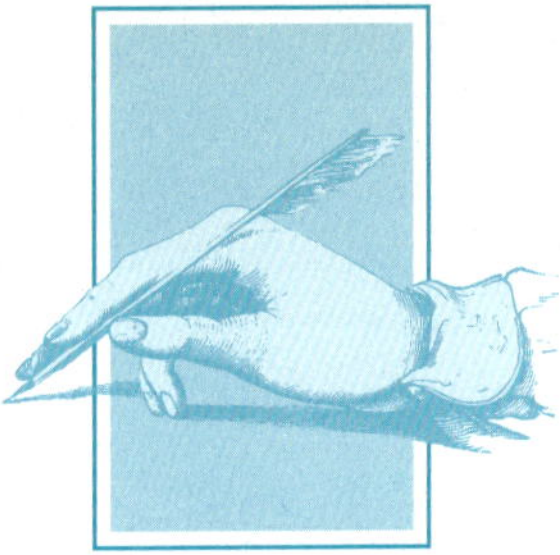

Gestaltung: Greenstuff, München

Printed in Singapore

ISBN 3-7607-4346-3